Contents

Numbers	1
Pet animals	8
Essential Spanish words	14
Clothes	20
The garden	24
Farm animals	28
Colours	32
Ice creams	37
Spanish - English word list	41
Answers	43

Read the Spanish numbers as you colour the pictures.

How many are there?
(Write the number in Spanish.)

1 = uno
2 = dos
3 = tres
4 = cuatro
5 = cinco

a)

dos

_____

b)

_____

c)

_____

d)

_____

e)

_____

How many fish should there be?

Draw the correct number of fish:

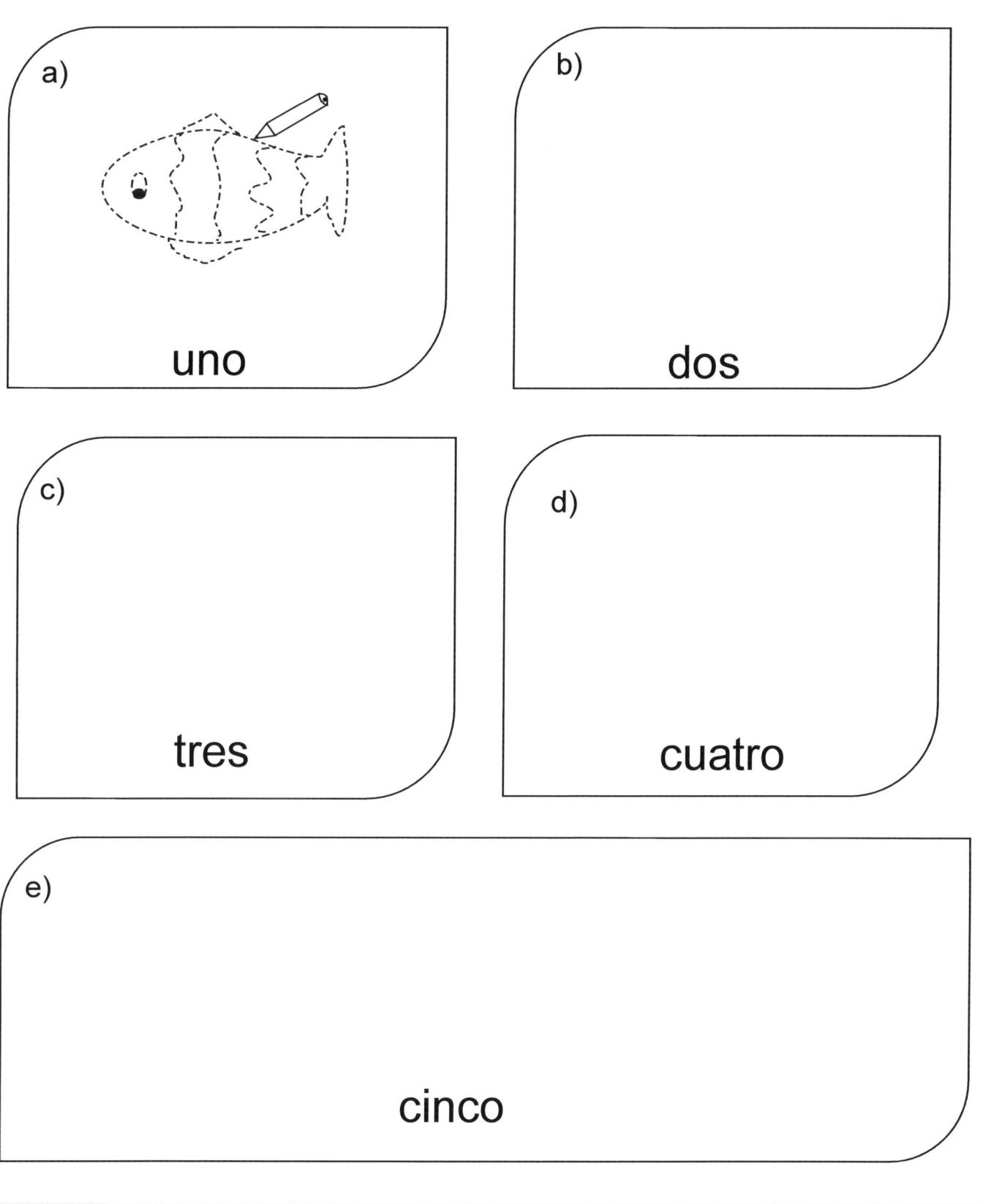

a) uno	b) dos
c) tres	d) cuatro
e) cinco	

1	2	3	4	5
uno	dos	tres	cuatro	cinco

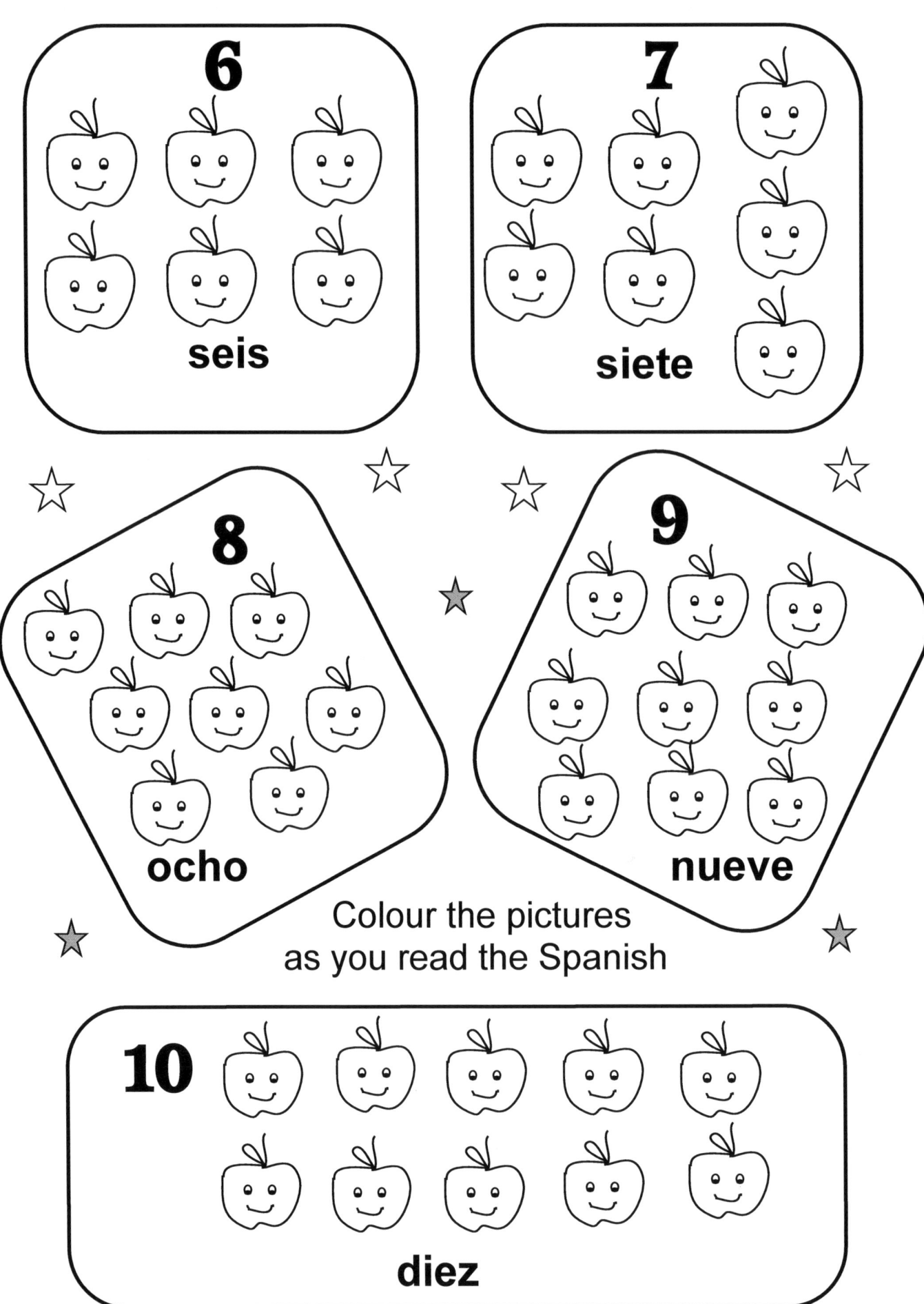

What number is it?

Draw a line between the Spanish word and the correct number:

nueve

siete

ocho

diez

seis

 6 seis **7** siete **8** ocho **9** nueve **10** diez

How many are there?

Write the number in Spanish:

a)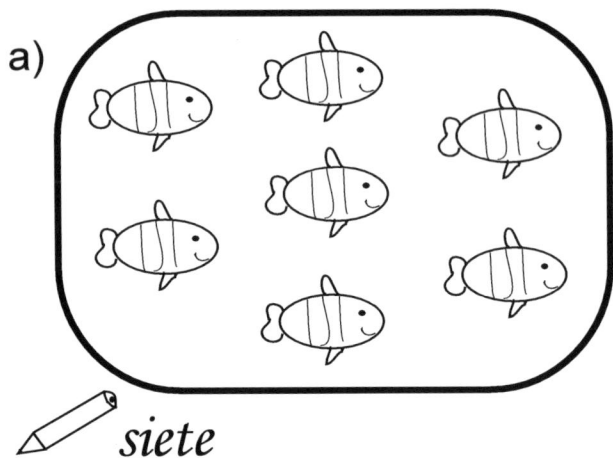
siete

b)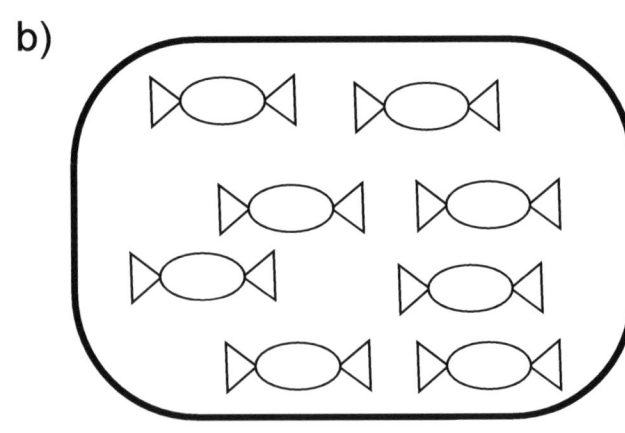

_____

c)

d)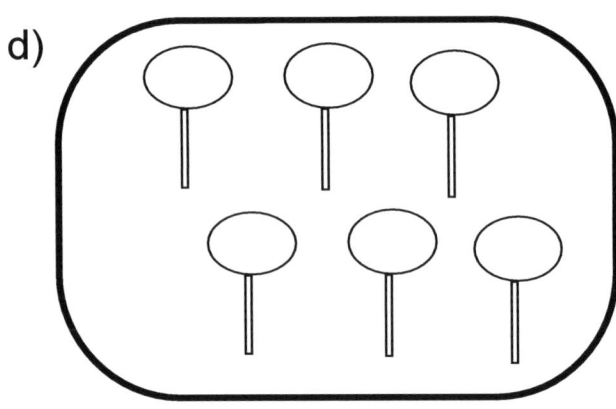

_____

e)

_____

	6	**7**	**8**	**9**	**10**
	seis	siete	ocho	nueve	diez

Los números (numbers)

Colour in the **odd** numbers:

uno, tres, cinco, siete & nueve

Los animales (Animals)

Circle the correct Spanish word for each picture:

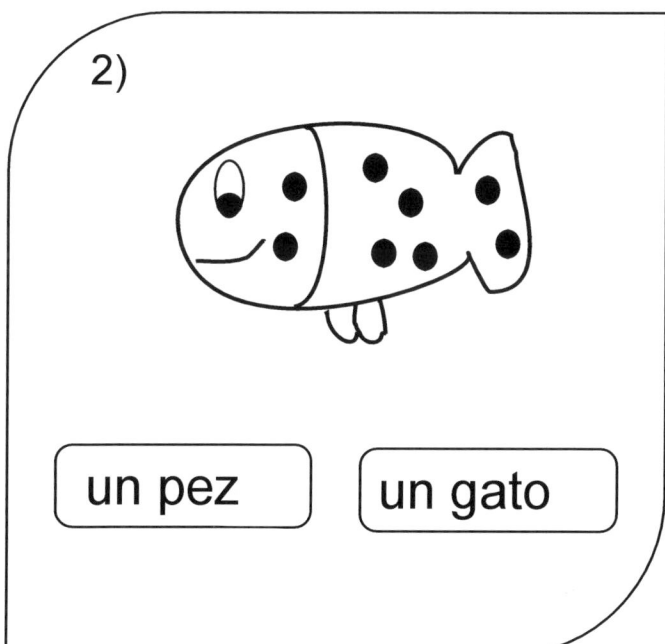

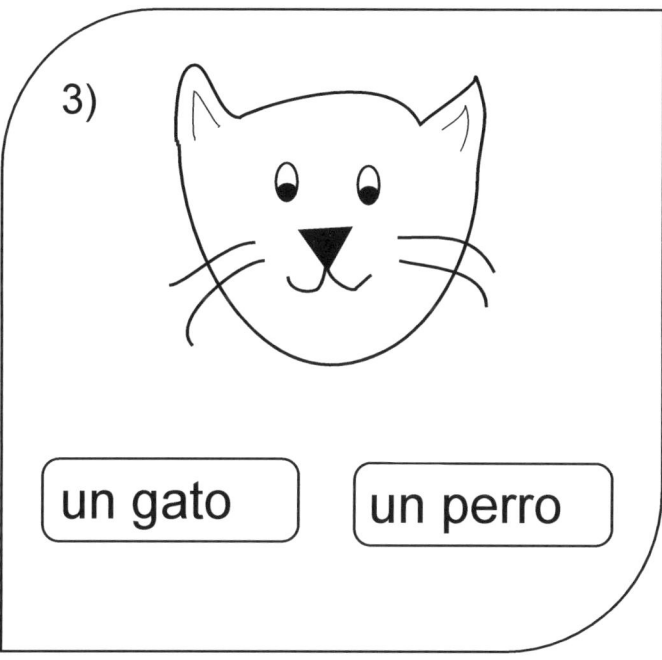

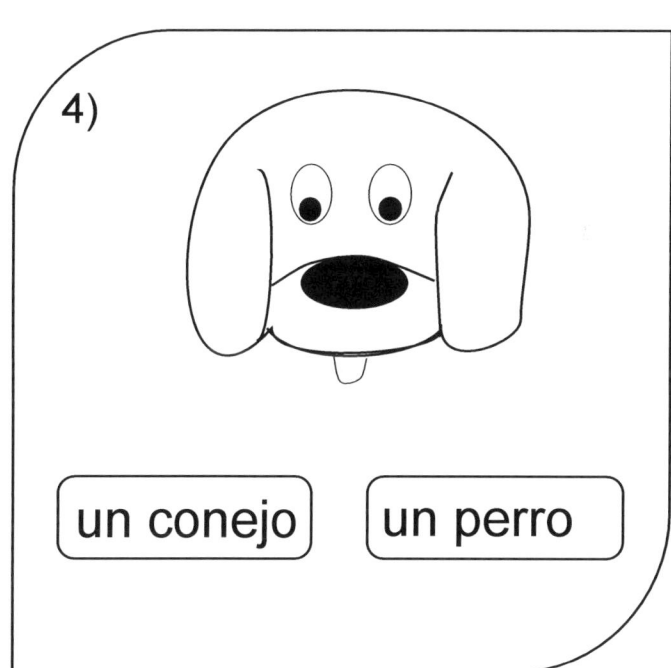

 un gato    un perro    un pez    un conejo

What animal is it?

Draw a line between the Spanish word and the picture:

- un perro  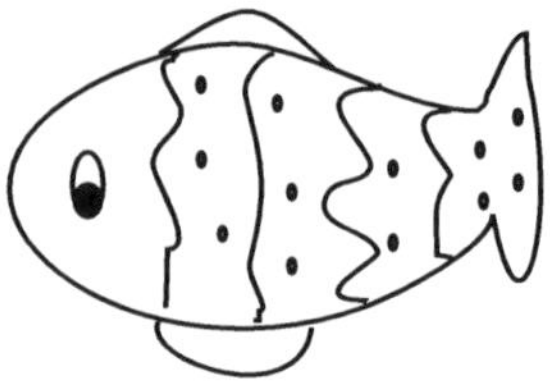
- un conejo 
- un gato 
- un pez

 un conejo  un pez  un gato  un perro

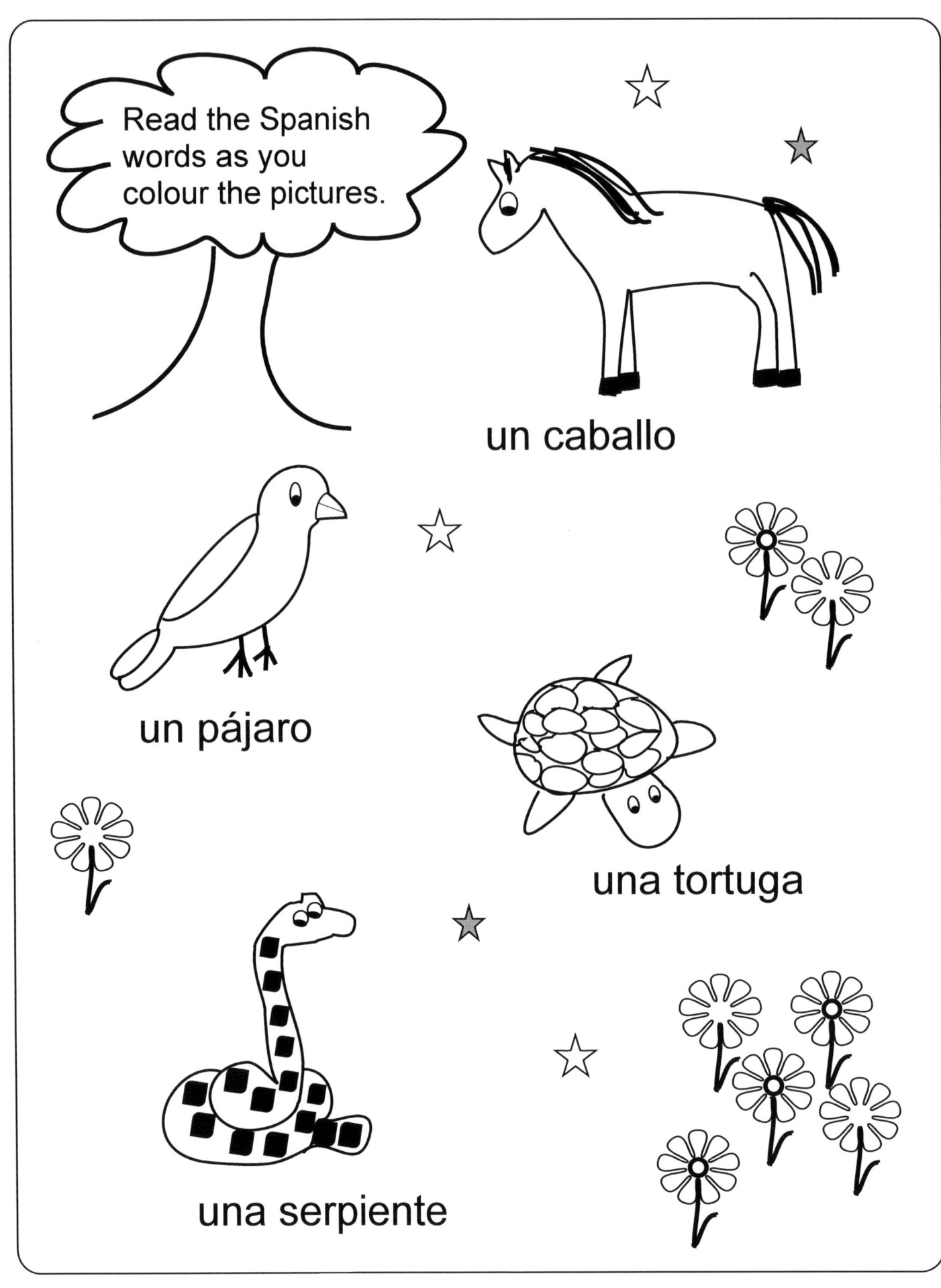

What animal is it?

Write the Spanish for each animal:

1)

✏️ *una tortuga*

_____

2)

_____

3)

_____

4)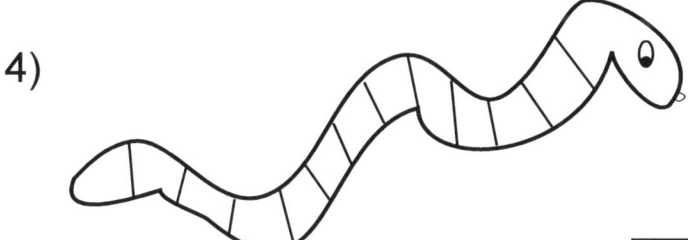

_____

un caballo   un pájaro   una serpiente   una tortuga

Saying hello in Spanish

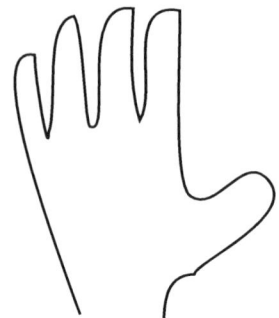

Hola

(hello)

Buenos días

(Good morning)

Buenas tardes

(Good afternoon)

Buenas noches

(Good night)

Useful words

- por favor - please
- no - no
- sí - yes
- gracias - thank you

How do you say the following in Spanish?

por   *favor*

1) please   _____   _____

2) yes   _____

3) thank you _____

4) no   _____

Saying goodbye

> "Adiós."
>
> "Hasta luego."
>
> To say goodbye you could either say **adiós**, or **hasta luego** if you will see the person again.

The children below are saying goodbye in Spanish. Write either **adiós** or **hasta luego** in the speech bubbles:

Word search

Find these words:

HOLA   POR FAVOR   GRACIAS   ADIÓS
SÍ   NO   UNO   DOS   TRES

H	O	L	A	D	U	L	G
A	W	Y	U	C	N	I	R
N	S	H	G	V	O	Z	A
W	Í	T	D	O	S	D	C
R	E	O	P	M	N	Y	I
A	D	I	Ó	S	W	N	A
C	T	R	E	S	C	E	S
A	I	L	K	M	N	O	E
P	O	R	F	A	V	O	R

Introducing yourself

> Hola, Me llamo Antonio. ¿Y tú?

> Hola, me llamo Ana.

1) Introduce yourself in Spanish:
(Copy and complete the following:)

Hola, me llamo …… (Hello, my name is……….)

✏️ *Hola,   me   llamo*

_____ , _____ _____ _____ .

2) Draw a picture of yourself in the box:

| Hola ……………. Hello |
| Me llamo ………. My name is |
| ¿Y tú? …………. And you? |

Copy the Spanish words:

una camiseta

🖉 *una camiseta*

_____

unos vaqueros

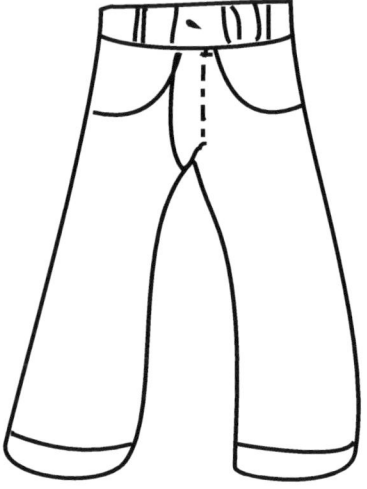

_____

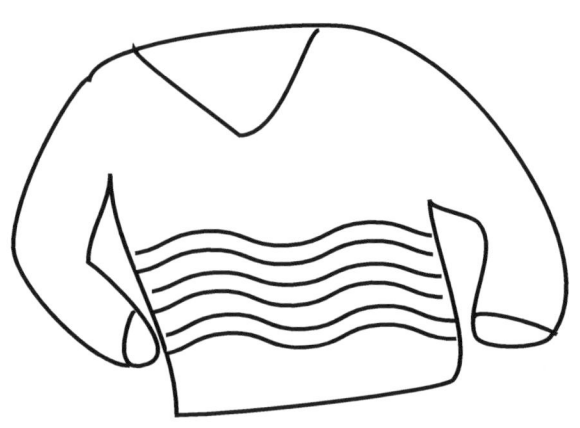

un jersey

_____

What is it called in Spanish?

Complete the words using the following letters:

a c j s v y

1)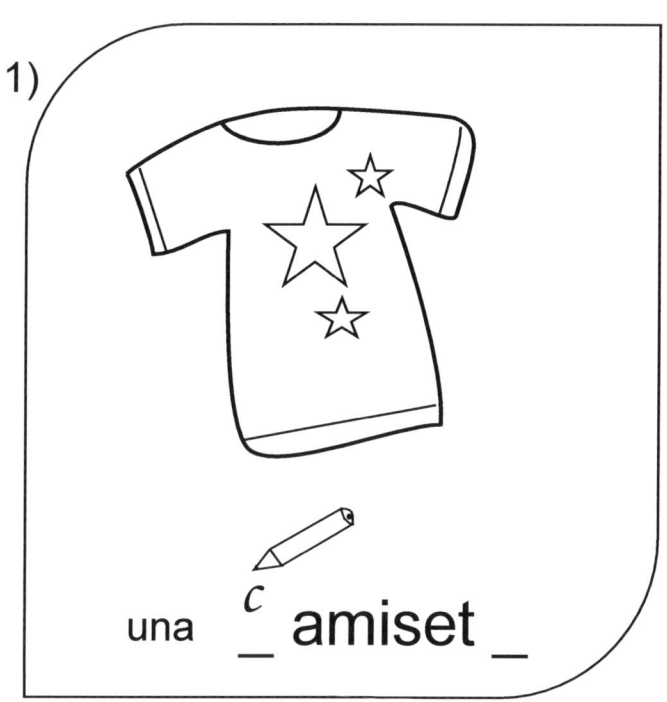

una _c_ amiset _

2)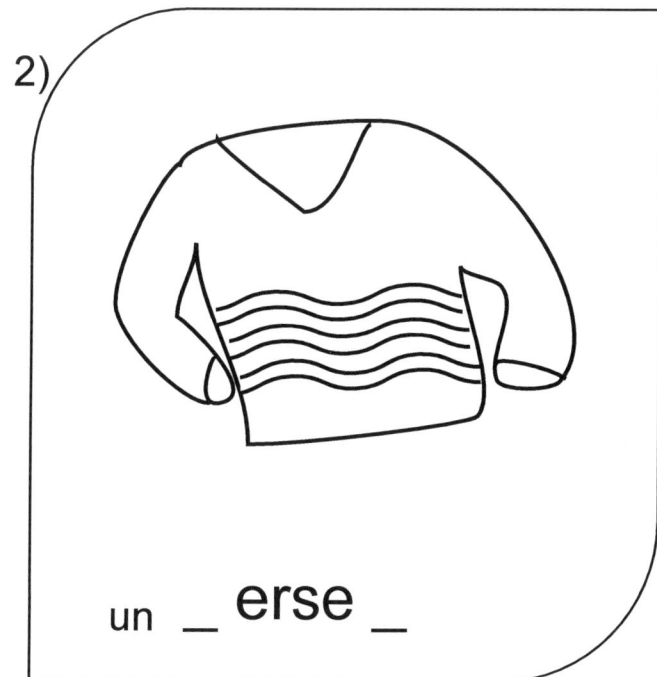

un _ erse _

3)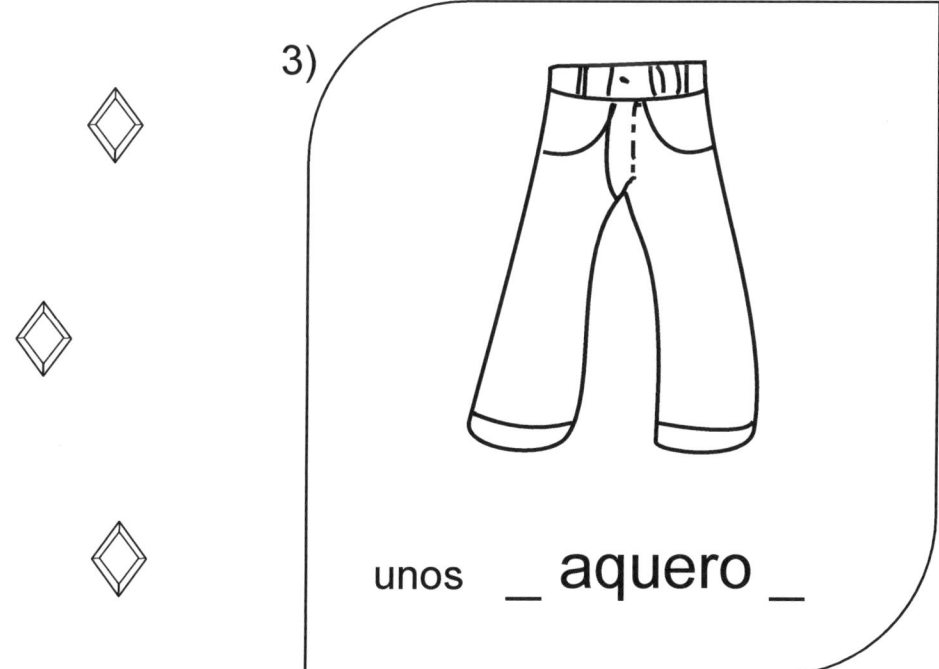

unos _ aquero _

1) Look at the pictures and read the words:

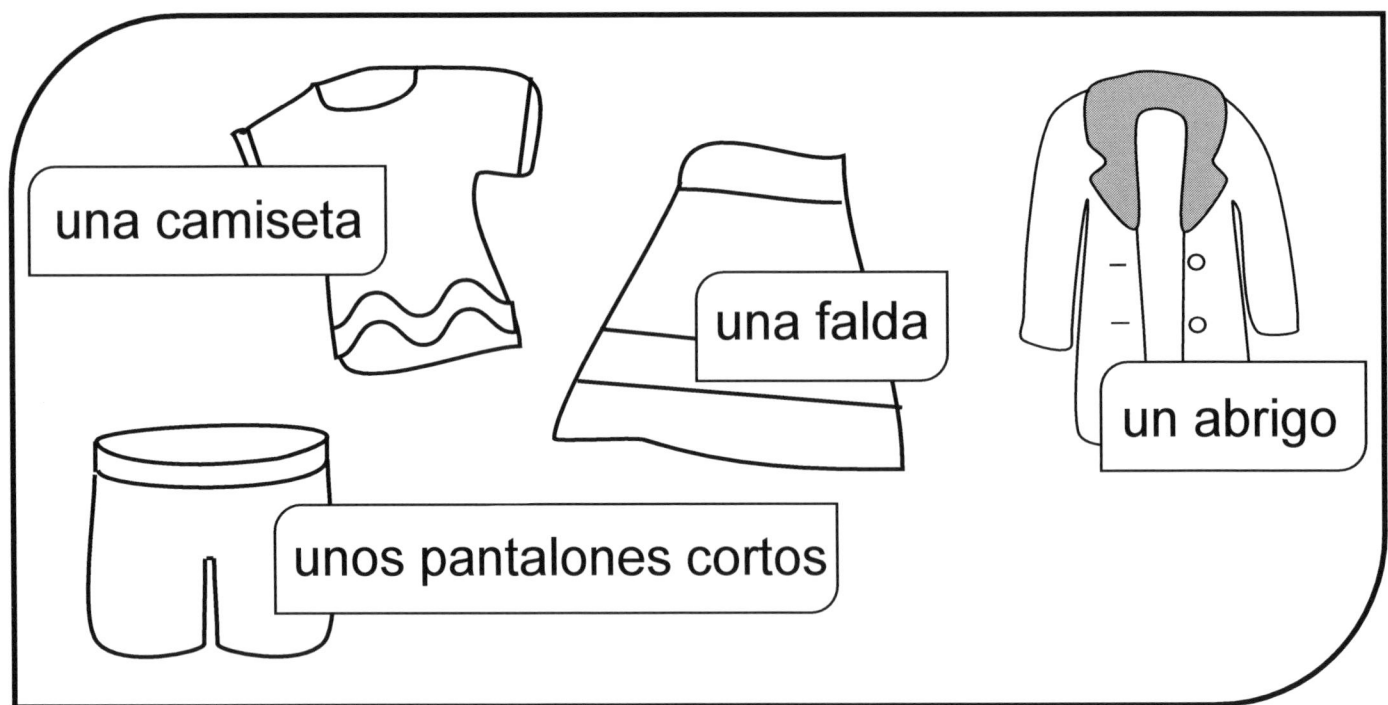

2) Draw the correct clothes in the boxes below:

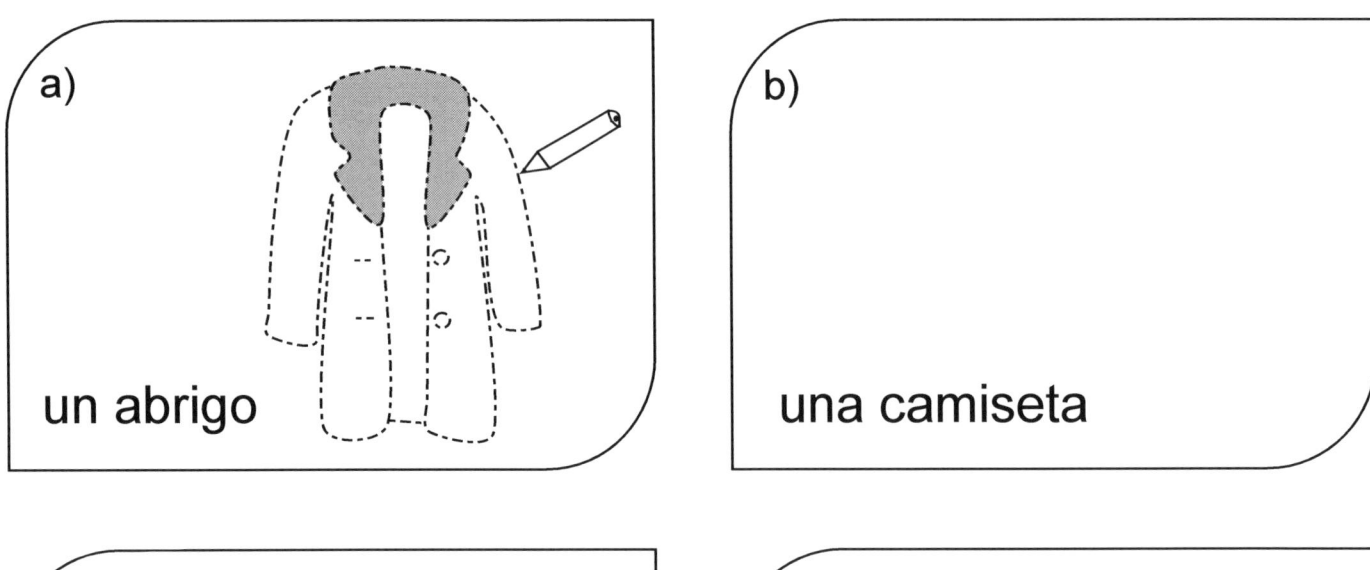

What is it called in Spanish?

Write the Spanish words for the pictures:

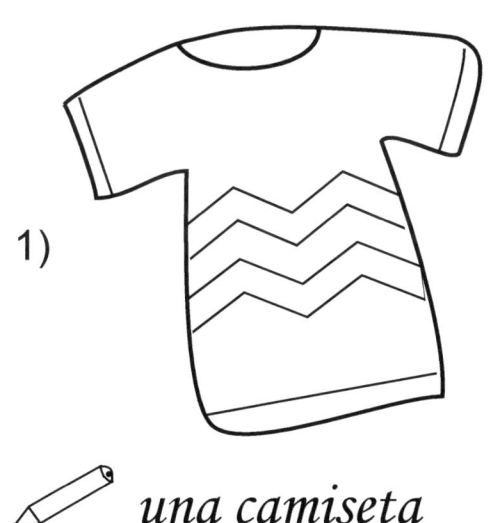

1)

✏️ *una camiseta*

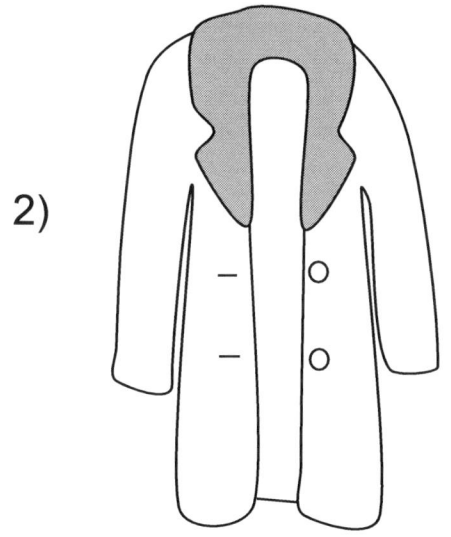

2)

_____

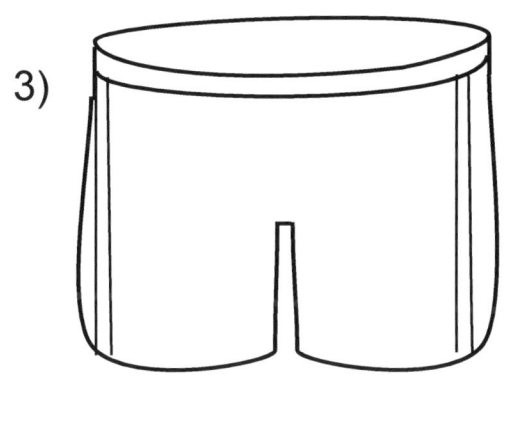

3)

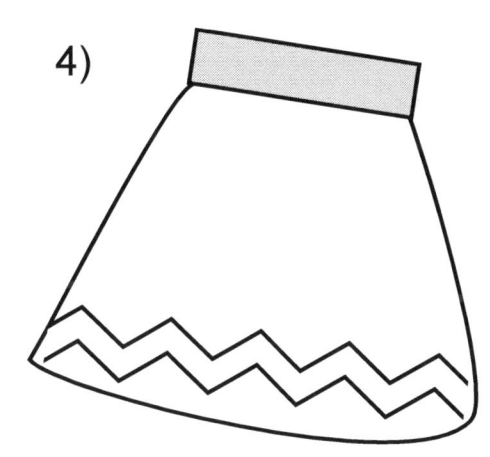

4)

_____

_____ _____

| un abrigo - a coat | una camiseta - a t-shirt |
| una falda - a skirt | unos pantalones cortos - shorts |

El jardín (the garden)

> Copy the Spanish words:

una mariposa
✏️ *una mariposa*

_____

un árbol

_____

un balón

_____

unas flores

_____

What is it called in Spanish?

Circle the correct Spanish word:

1)

un árbol | una mariposa

2)

un balón | unas flores

3)

un árbol | unas flores

4)

un balón | un árbol

un árbol

unas flores

un balón

una mariposa

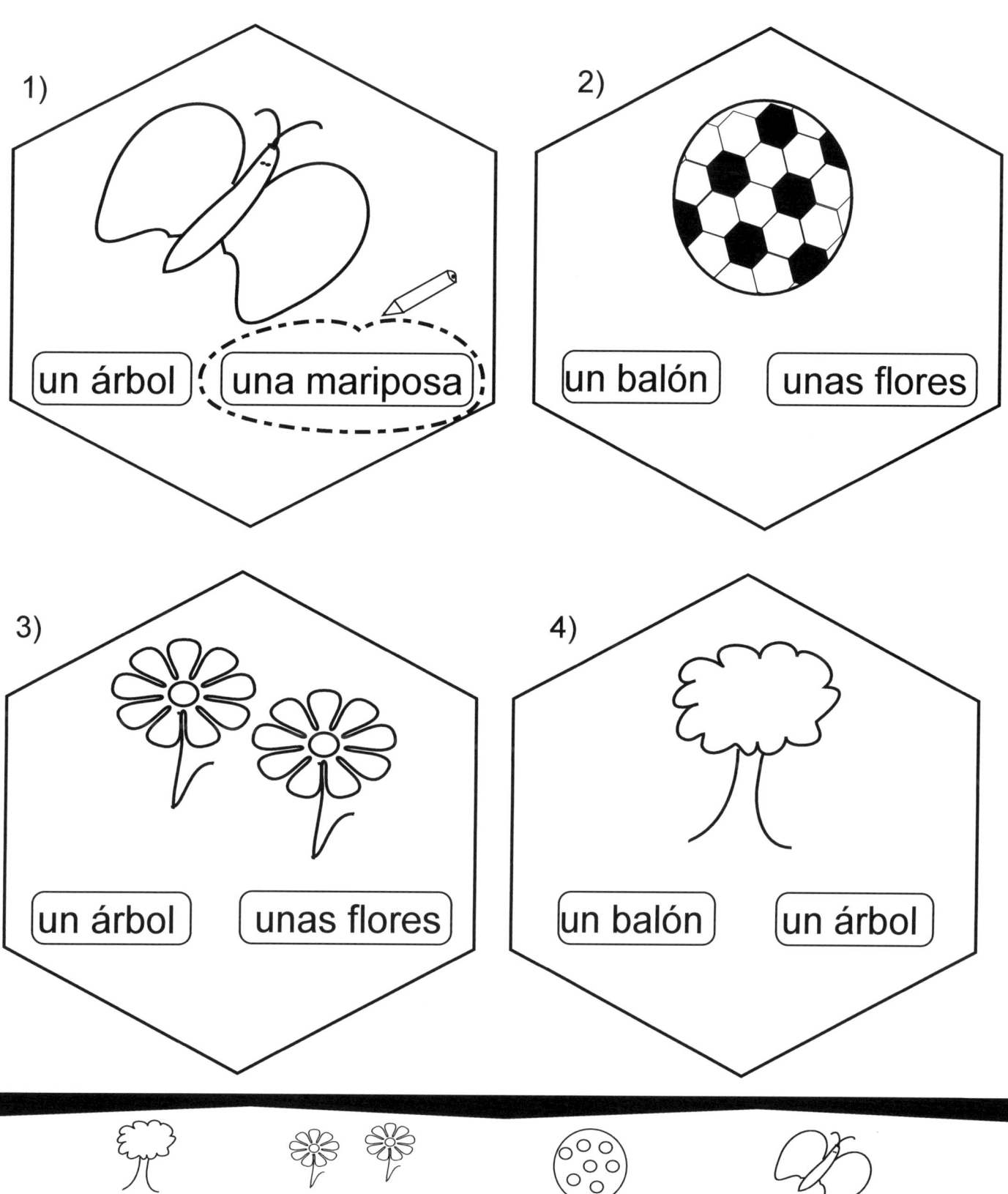

What fruit can grow in our gardens?

Apples and pears can grow on trees in our gardens.

Spain often has warm weather so you may also see oranges and lemons growing on trees in Spanish gardens:

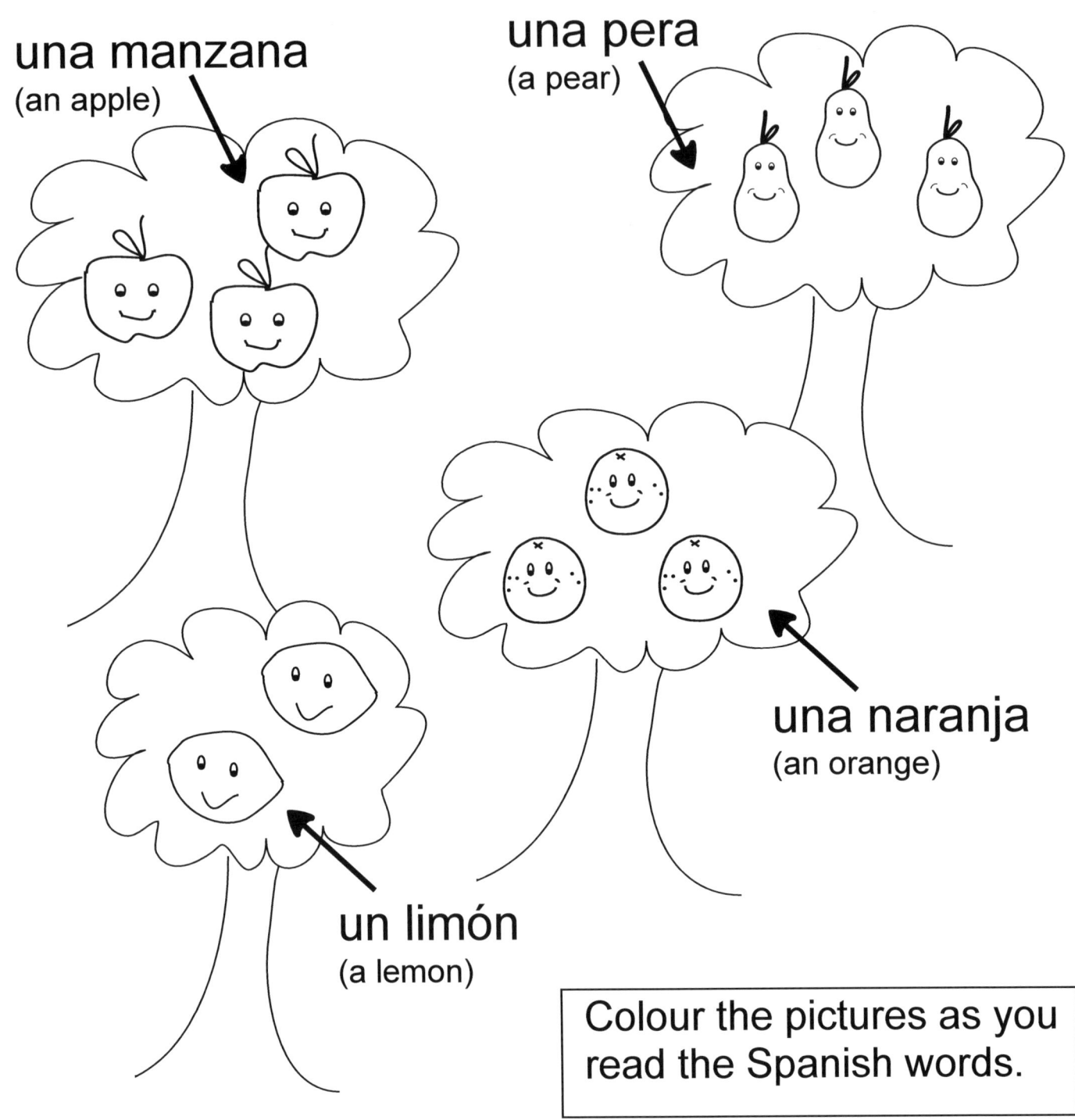

Colour the pictures as you read the Spanish words.

La fruta (fruit)

Copy the words and the pictures:

una manzana
 *una manzana*

_____

una pera

_____

una naranja

_____

un limón

_____

Farm animals

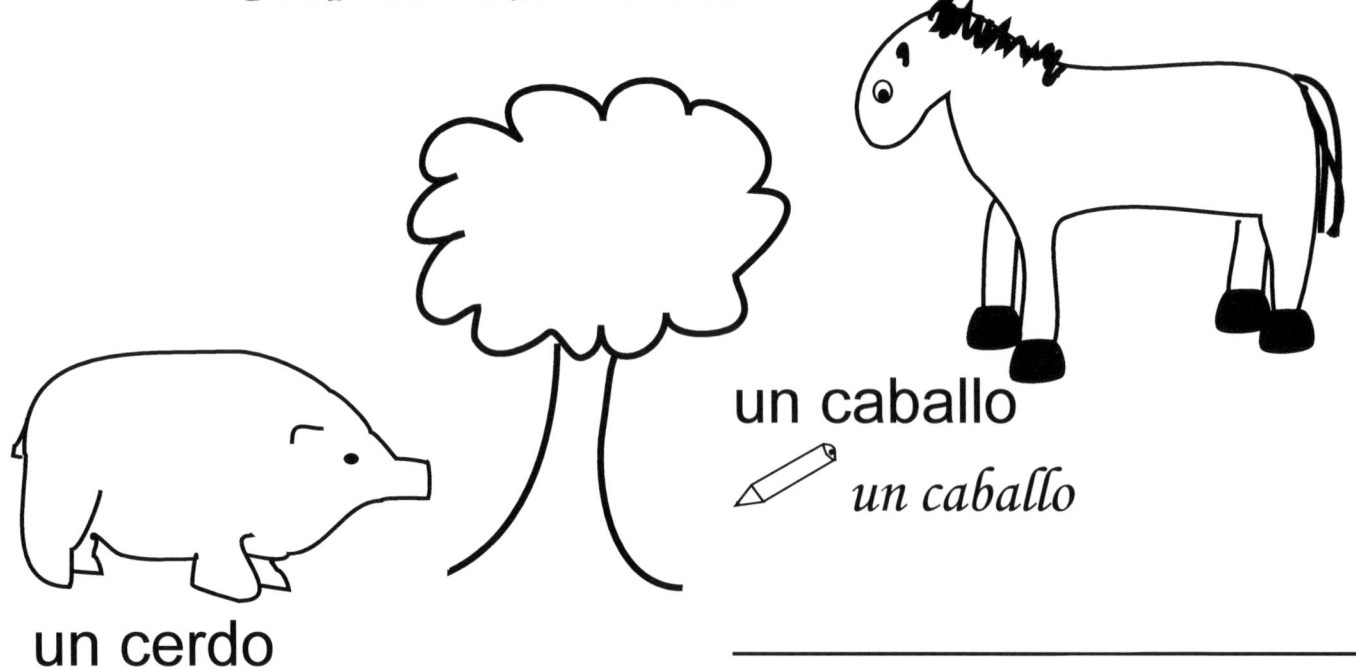

un caballo

un cerdo

_____

_____

una oveja

_____

una vaca

Copy the Spanish words

_____

Farm animals in Spanish

 un cerdo
 una oveja
 una vaca
 un caballo

Draw a line between the animal and the Spanish word:

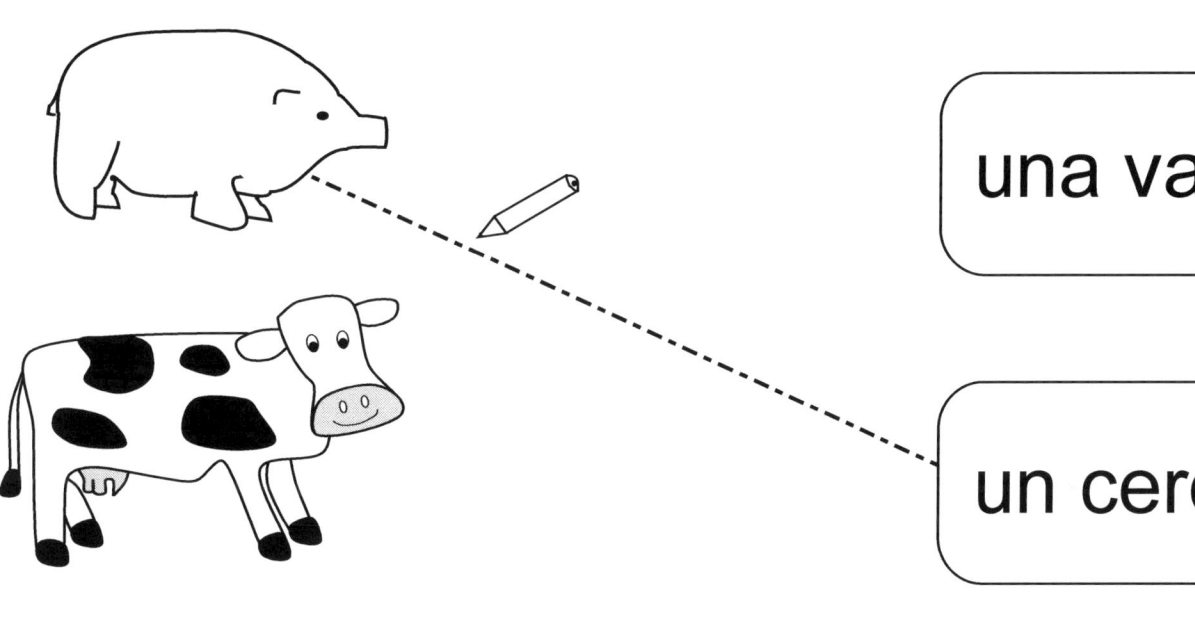

una vaca

un cerdo

un caballo

una oveja

What animal is it?

Rearrange the letters and write the animals in Spanish:

1) a e v j o

oveja

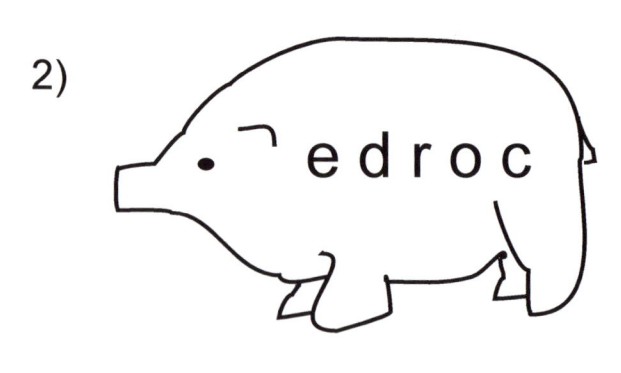

una _____

2) e d r o c

un _____

3) b l o a l c a

un _____

4) c v a a

una Vaca

Word search

Find these words:

VACA   CERDO   OVEJA   CABALLO
UNO   DOS   TRES

C	A	B	A	L	L	O	X
D	H	E	O	V	E	J	A
V	I	C	U	A	T	R	O
A	C	G	J	K	I	L	P
C	V	C	E	R	D	O	T
A	U	D	J	L	O	V	R
X	N	Y	D	O	S	M	E
X	O	W	R	U	L	X	S

Colour in the pictures using the correct colours:

What colour are the objects?

Draw a line between the objects and a colour:

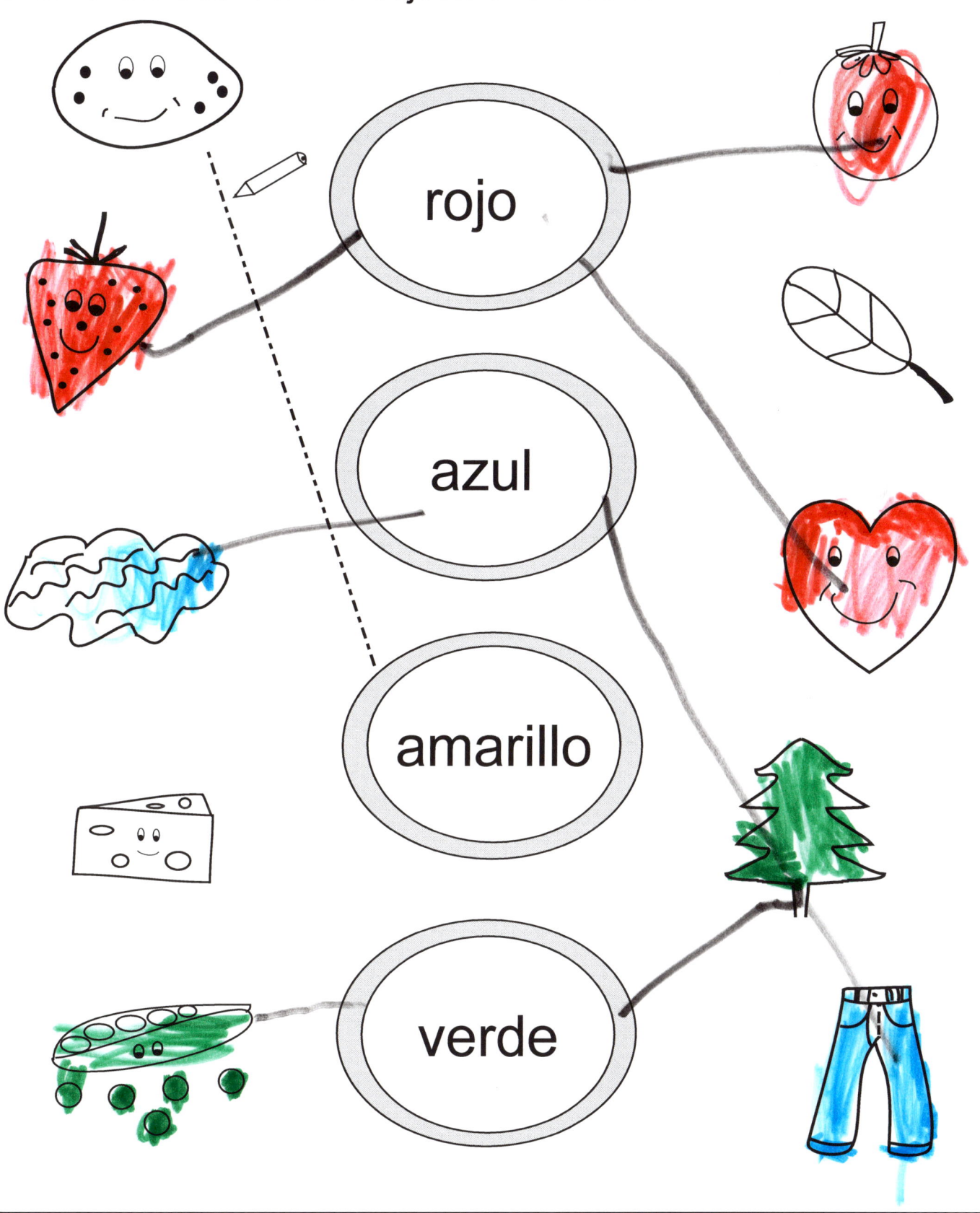

- rojo
- azul
- amarillo
- verde

rojo - red   azul - blue   amarillo - yellow   verde - green

Colour in the pictures using the correct colours:

What colour are the objects?

Draw a line between the objects and a colour:

negro

blanco

marrón

rosa

negro - black   blanco - white   marrón - brown   rosa - pink

35

Colour in the pictures using the correct colours:

lila
(lilac / light purple)

gris
(grey)

naranja
(orange)

Un helado, por favor
(An ice cream, please)

Imagine you would like to ask for an ice cream in Spanish. Copy the following Spanish words, then draw the ice cream:

Un   helado

___   _____

por   favor.

___   _____ .

Ice cream flavours

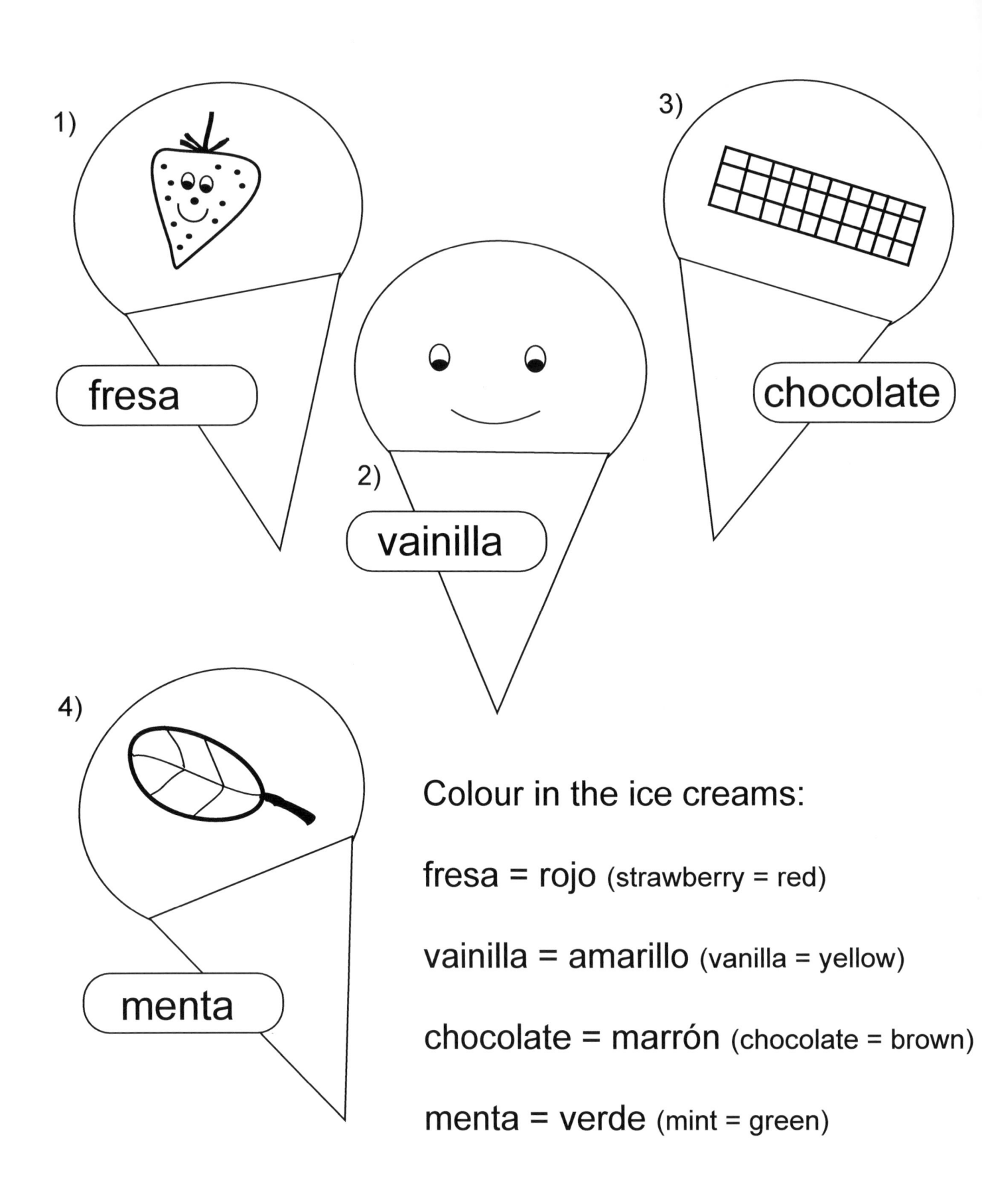

1) fresa

2) vainilla

3) chocolate

4) menta

Colour in the ice creams:

fresa = rojo (strawberry = red)

vainilla = amarillo (vanilla = yellow)

chocolate = marrón (chocolate = brown)

menta = verde (mint = green)

What flavour are the ice creams?

Write the ice cream flavours in Spanish:

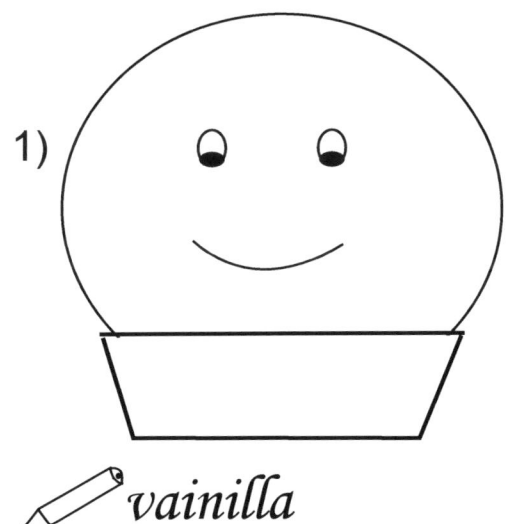

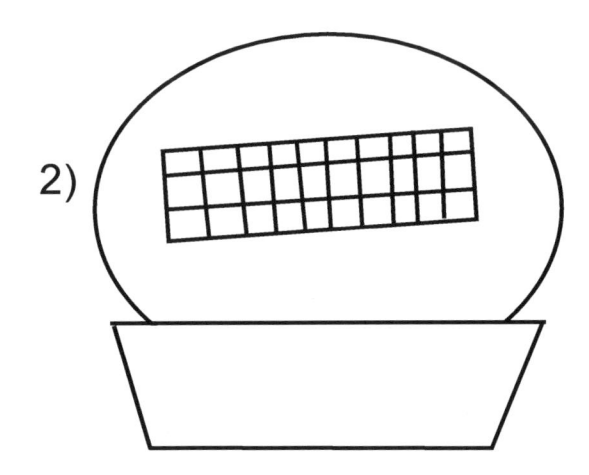

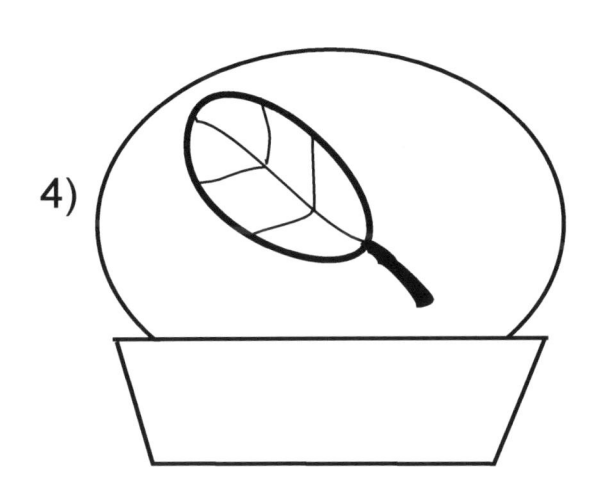

1) *vainilla*

2) _____

3) _____

4) _____

chocolate = chocolate

fresa = strawberry

vainilla = vanilla

menta = mint

Word search

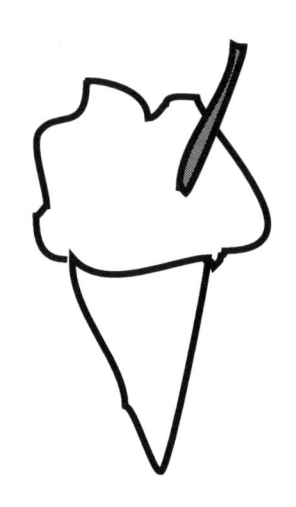

Find these words:

MENTA   VERDE
FRESA   ROJO
VAINILLA   AMARILLO
CHOCOLATE   MARRÓN

W	V	A	I	N	I	L	L	A
A	M	A	R	I	L	L	O	Z
S	S	A	F	Y	V	E	R	D	E
R	E	R	M	A	R	R	Ó	N
O	M	E	Y	T	F	D	W	Z
J	L	S	R	M	E	N	T	A
O	X	A	W	H	U	P	Z	H
C	H	O	C	O	L	A	T	E

40

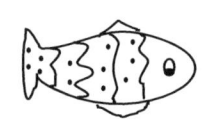

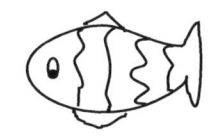

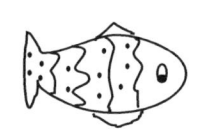

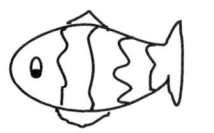

Spanish

un	abrigo
	adiós
	amarillo
los	animales
un	árbol
	azul
un	balón
	blanco
	Buenas noches
	Buenas tardes
	Buenos días
un	caballo
una	camiseta
un	cerdo
	chocolate
	cinco
un	conejo
	cuatro
	diez
	dos
una	falda
unas	flores
	fresa
un	gato
	gracias
	gris
	hasta luego
un	helado
	hola
un	jersey
	lila
un	limón

English

a	coat
	goodbye
	yellow
	animals
a	tree
	blue
a	ball
	white
	Good night
	Good afternoon
	Good day
a	horse
a	T-shirt
a	pig
	chocolate
	five
a	rabbit
	four
	ten
	two
a	skirt
	flowers
	strawberry
a	cat
	thank you
	grey
	see you
an	ice cream
	hello
a	jumper
	lilac
a	lemon

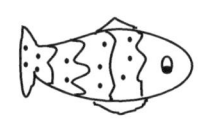

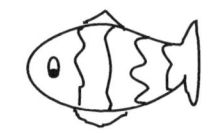

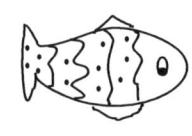

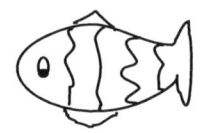

Spanish		English	
una	manzana	an	apple
una	mariposa	a	butterfly
	marrón		brown
	Me llamo		My name is
	menta		mint
	naranja		orange
una	naranja	an	orange
	negro		black
	no		no
	nueve		nine
	ocho		eight
una	oveja	a	sheep
un	pájaro	a	bird
unos	pantalones cortos		shorts
una	pera	a	pear
un	perro	a	dog
un	pez	a	fish
	por favor		please
	rojo		red
	rosa		pink
	seis		six
una	serpiente	a	snake
	sí		yes
	siete		seven
una	tortuga	a	tortoise
	tres		three
	uno		one
una	vaca	a	cow
	vainilla		vanilla
unos	vaqueros		jeans
	verde		green

Answers

Page 2

a) dos   b) tres   c) uno   d) cuatro   e) cinco

Page 3

The following number of fish should be drawn:
a) 1   b) 2   c) 3   d) 4   e) 5

Page 5

nueve
siete
ocho
diez
seis

Page 6

a) siete
b) ocho
c) nueve
d) seis
e) diez

Page 7

The picture should be coloured as follows:

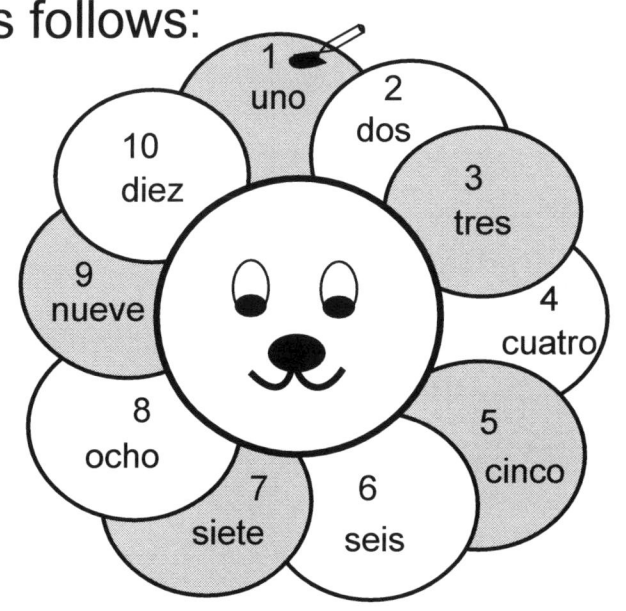

Page 9

1) un conejo   2) un pez   3) un gato   4) un perro

Page 10

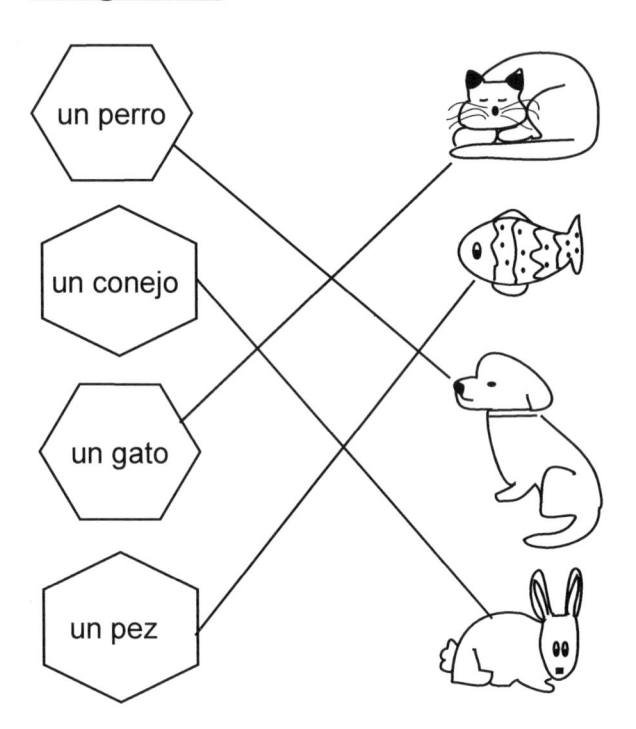

un perro → perro (dog)
un conejo → conejo (rabbit)
un gato → gato (cat)
un pez → pez (fish)

Page 11

1) un gato
2) un conejo
3) un pez
4) un perro

Page 13

1) una tortuga
2) un caballo
3) un pájaro
4) una serpiente

Page 15

1) por favor
2) sí
3) gracias
4) no

Page 17

H	O	L	A		U		G
					N		R
	S				O		A
	Í		D	O	S		C
							I
A	D	I	Ó	S			A
	T	R	E	S			S
					N	O	
P	O	R	F	A	V	O	R

Page 21

1) una camiseta   2) un jersey   3) unos vaqueros

Page 22

The following should be drawn:
1) a coat   2) a t-shirt   3) a skirt   4) some shorts

Page 23

1) una camiseta   2) un abrigo   3) unos pantalones cortos
4) una falda

Page 25

1) una mariposa   2) un balón   3) unas flores   4) un árbol

Page 29

pig — un cerdo
cow — una vaca
sheep — una oveja
horse — un caballo

Page 30

1) una oveja
2) un cerdo
3) un caballo
4) una vaca

Page 31

C	A	B	A	L	L	O	
			O	V	E	J	A
V		C	U	A	T	R	O
A							
C		C	E	R	D	O	T
A	U						R
	N		D	O	S		E
	O						S

Page 33

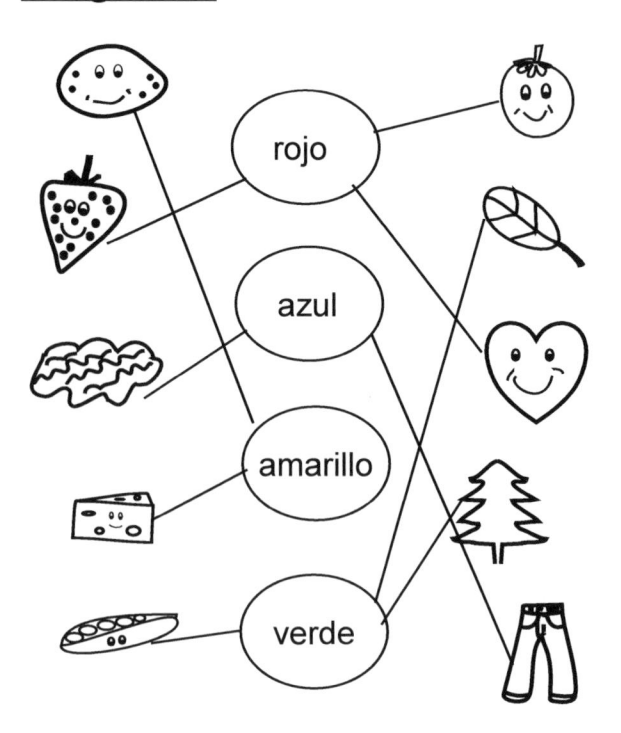

rojo, azul, amarillo, verde

Page 35

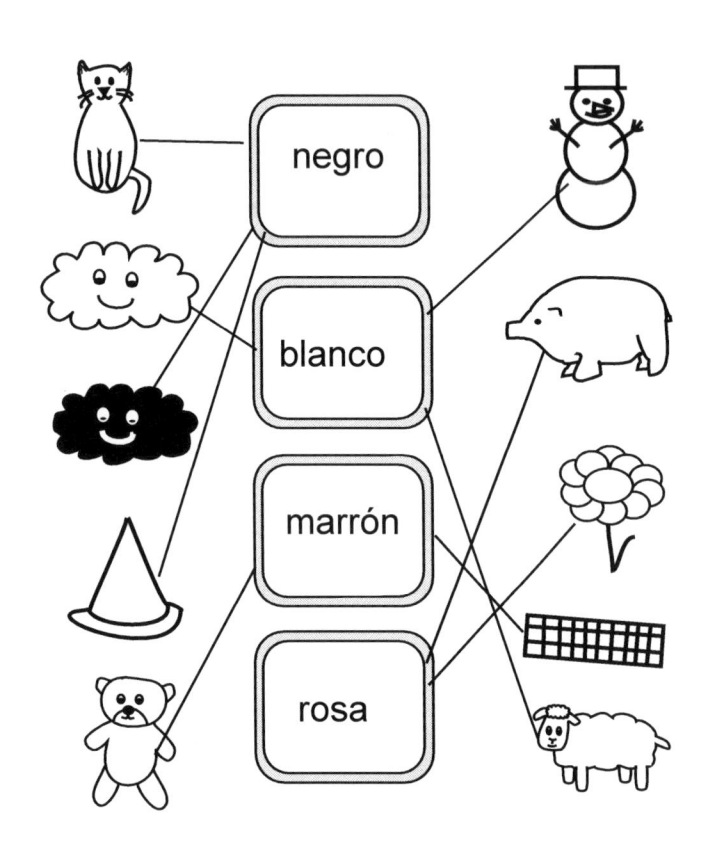

negro, blanco, marrón, rosa

Page 38

The ice creams should be coloured as follows:

1) red
2) yellow
3) brown
4) green

Page 39

1) vainilla
2) chocolate
3) fresa
4) menta

Page 40

	V	A	I	N	I	L	L	A
A	M	A	R	I	L	L	O	
		F		V	E	R	D	E
R		R	M	A	R	R	Ó	N
O		E						
J		S		M	E	N	T	A
O		A						
C	H	O	C	O	L	A	T	E

For children aged 5 - 7 there are the following books:

French
Young Cool Kids Learn French
Sophie And The French Magician
Daniel And The French Robot (books 1, 2 & 3)
Daniel And The French Robot Teacher's Resource book (coming soon)
Jack And The French Languasaurus (books 1, 2 & 3)

Spanish
Young Cool Kids Learn Spanish
Sophie And The Spanish Magician
Daniel And The Spanish Robot (books 1, 2 & 3)
Daniel And The Spanish Robot Teacher's Resource book (coming soon)
Jack And The Spanish Languasaurus (books 1, 2 & 3)

German
Young Cool Kids Learn German

For children aged 7 - 11 there are the following books:

Italian
Cool Kids Speak Italian (books 1, 2 & 3)
On Holiday In Italy Cool Kids Speak Italian
Photocopiable Games For Teaching Italian
Stories: Un Alieno Sulla Terra,   La Scimmia Che Cambia Colore,   Hai Un Animale Domestico?

French
Cool Kids Speak French (books 1 & 2)
Cool Kids Speak French - Special Christmas Edition
On Holiday In France Cool Kids Speak French
Photocopiable Games For Teaching French
Stories: Un Alien Sur La Terre,   Le Singe Qui Change De Couleur,   Tu As Un Animal?

Spanish
Cool Kids Speak Spanish (books 1, 2 & 3)
Cool Kids Speak Spanish - Special Christmas Edition
On Holiday In Spain Cool Kids Speak Spanish
Photocopiable Games For Teaching Spanish
Stories: Un Extraterrestre En La Tierra, El Mono Que Cambia De Color, Seis Mascotas Maravillosas

German
Cool Kids Speak German books 1 & 2
Cool Kids Speak German book 3 (coming soon)

English as a foreign language
Cool Kids Speak English books 1 & 2

For more information on the books available, and different ways of learning a foreign language go to **www.foreignlanguagesforchildren.com**

27197291R00029

Printed in Great Britain
by Amazon